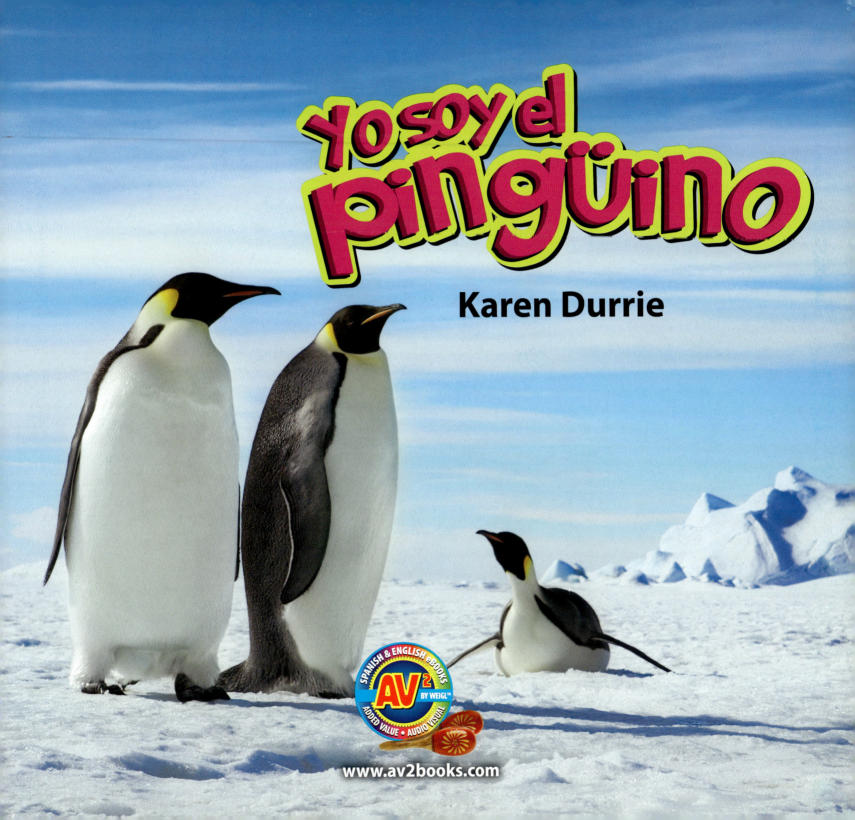

Yo soy el pingüino

Karen Durrie

El enriquecido libro electrónico AV² te ofrece una experiencia bilingüe completa entre el inglés y el español para aprender el vocabulario de los dos idiomas.

This AV² media enhanced book gives you a fully bilingual experience between English and Spanish to learn the vocabulary of both languages.

Spanish

English

Navegación bilingüe AV²
AV² Bilingual Navigation

CHANGE LANGUAGE
ENGLISH SPANISH

OPCIÓN DE IDIOMA
LANGUAGE TOGGLE

CAMBIAR LA PÁGINA
PAGE TURNING

 CERRAR
CLOSE

 INICIO
HOME

 **VISTA PRELIMINAR**
PAGE PREVIEW

Yo soy el pingüino

En este libro te enseñaré acerca de:

- mí mismo
- mi alimento
- mi hogar
- mi familia

¡y mucho más!

Soy un pingüino.

Soy un ave que nada pero no vuela.

Mantengo mis plumas secas con aceite que extraigo de mi cola.

8

Puedo ver muy bien debajo del agua.

Puedo estar 65 días sin alimento mientras protejo mis huevos.

Hago un graznido que solo mi madre y padre reconocen.

14

**Tengo púas en la lengua.
Me permiten sostener
el alimento.**

17

Puedo tragar un pescado con solo una mordida.

18

Vivo en el océano, en el hielo o la tierra.

Soy un pingüino.

DATOS SOBRE LOS PINGÜINOS

Estas páginas brindan información detallada que amplía aquellos datos interesantes que se encuentran en el libro. Se pretende que los adultos utilicen estas páginas como herramienta de aprendizaje para contribuir a que los jóvenes lectores completen sus conocimientos acerca de cada animal sorprendente que aparece en la serie *Yo soy*.

páginas 4–5

Soy un pingüino. Hay 17 tipos de pingüinos que viven en el hemisferio sur. El pingüino emperador es el más grande: es de aproximadamente 4 pies (1,2 metros) de alto y pesa 90 libras (41 kilogramos). El más pequeño es el pingüino azul o enano, que mide menos de 10 pulgadas (25,4 centímetros) de alto y pesa dos libras (0,9 kg).

páginas 6–7

Los pingüinos son aves que nadan pero no vuelan. Tienen esqueletos más pesados que las aves voladoras y poseen poderosas aletas en vez de alas. Son excelentes buzos y nadadores. Los pingüinos pueden alcanzar velocidades de 15 millas (24 kilómetros) por hora dentro del agua.

páginas 8–9

Los pingüinos mantienen sus plumas secas con el aceite de su cola. Utilizan el pico para esparcir el aceite de una glándula cercana a su cola. Cuando acicalan las plumas con su pico, esparcen del aceite por todo su cuerpo. El aceite les permite mantener el cuerpo caliente e impermeable.

páginas 10–11

Los pingüinos ven perfectamente debajo del agua. Obtienen su alimento del mar. Pueden ver debajo del agua tanto como en la tierra. Pueden descubrir a su presa incluso en aguas turbias. Los pingüinos además tienen un tercer párpado transparente que protege los ojos.

páginas 12–13

Puedo estar 65 días sin alimento mientras proteja mis huevos.

Los pingüinos pueden pasar 65 días sin alimento para proteger sus huevos. Los pingüinos emperadores machos no comen durante aproximadamente 65 días, mientras protegen el huevo de la hembra. El huevo reposa a sus patas y se mantiene calentito gracias a su panza. Otras especies de pingüino también pueden pasar más de 50 días sin comer. La acumulación de grasa les aporta energía para sobrevivir.

páginas 14–15

Hago un graznido que solo mi madre y padre reconocen.

El pichón de pingüino hace un graznido que sólo reconoce su madre y padre. Los pichones de pingüino lucen iguales entre sí, pero los pingüinos adultos pueden distinguirlos y sólo alimentan a su pichón. Saben cuál es su pichón porque aprenden su graznido al nacer. Además reconocen a su compañera/o por su graznido.

páginas 16–17

Tengo púas en la lengua. Me permiten sostener el alimento.

Los pingüinos tienen púas en la lengua que les permiten sostener su alimento. El alimento que comen los pingüinos es resbaladizo. Atrapan pescado, camarones, calamares, camarones antárticos y pulpos. La lengua en pico del pingüino le permite sostener a su presa.

páginas 18–19

Puedo tragar un pescado con solo una mordida.

Los pingüinos pueden tragar un pescado con solo una mordida. No tienen dientes. Poseen picos muy filosos y fuertes mandíbulas. Los pingüinos alimentan a sus pichones escupiendo el alimento que han comido dentro de la boca de sus pichones.

páginas 20–21

Vivo en el océano, en el hielo o la tierra.

Soy un pingüino.

Los pingüinos viven en el océano, en el hielo o la tierra. Algunos viven en climas fríos, mientras que otros viven en lugares tropicales. Algunas poblaciones de pingüinos están en peligro de extinción. La población de pingüinos africanos ha disminuido un 60 por ciento durante los últimos 28 años. El hábitat en peligro, la pesca y la contaminación afectan la cantidad de pingüinos.

¡Visita www.av2books.com para disfrutar de tu libro interactivo de inglés y español!

Check out www.av2books.com for your interactive English and Spanish ebook!

1 **Entra en www.av2books.com**
Go to www.av2books.com

2 **Ingresa tu código**
Enter book code

Y254843

3 **¡Alimenta tu imaginación en línea!**
Fuel your imagination online!

www.av2books.com

Published by AV² by Weigl
350 5th Avenue, 59th Floor New York, NY 10118
Website: www.av2books.com   www.weigl.com

Library of Congress Cataloging-in-Publication Data

Durrie, Karen.
 [I am a penguin. Spanish]
 Pingüino / Karen Durrie.
   p. cm. -- (Yo soy)
 Audience: K to grade 3.
 ISBN 978-1-62127-573-2 (hardcover : alk. paper) -- ISBN 978-1-62127-574-9 (ebook)
 1. Penguins--Juvenile literature. I. Title.
 QL696.S473D8718 2014
 598.47--dc23
                          2013004896

Printed in the United States of America in North Mankato, Minnesota
1 2 3 4 5 6 7 8 9 0 17 16 15 14 13

032013
WEP050313

Project Coordinator: Karen Durrie
Spanish Editor: Tanjah Karvonen
Art Director: Terry Paulhus

Every reasonable effort has been made to trace ownership and to obtain permission to reprint copyright material. The publishers would be pleased to have any errors or omissions brought to their attention so that they may be corrected in subsequent printings.

Weigl acknowledges Getty Images as the primary image supplier for this title.